Antonio Mira de Amescua

Lo que puede una sospecha

Edición de Vern Williamsen

Barcelona **2024**
Linkgua-ediciones.com

Créditos

Título original: Lo que puede una sospecha.

© 2024, Red ediciones S.L.

e-mail: info@linkgua.com

Diseño de cubierta: Michel Mallard.

ISBN tapa dura: 978-84-9953-542-5.
ISBN rústica: 978-84-9816-107-6.
ISBN ebook: 978-84-9897-584-0.

Sumario

Brevísima presentación

La vida

Antonio Mira de Amescua (Guadix, Granada, c. 1574-1644). España.

De familia noble, estudió teología en Guadix y Granada, mezclando su sacerdocio con su dedicación a la literatura. Estuvo en Nápoles al servicio del conde de Lemos y luego vivió en Madrid, donde participó en justas poéticas y fiestas cortesanas.

Personajes

Don Carlos de Portugal
Don Iñigo de Melo
Don Alonso Ataide
Don Diego Meneses, padre
Doña Isabel, su hija
Doña Inés de Portugal, hermana de don Carlos
Cardillo, lacayo
Fenisa, criada

Jornada primera

(Salen doña Inés, Fenisa, y doña Isabel con mantos.)

Inés   La dicha de conoceros
            hace mi suerte mayor.

Isabel   Fianzas os da mi amor
            de saber corresponderos.

Inés   Estoy tan aficionada
            a vuestro ingenio y belleza
            que de la naturaleza.
            Con razón vivo enojada
                de que me hiciera mujer
            cuando os crió tan hermosa;
            que es victoria poco [dichosa],
            no peligrar al vencer.
                Pues no importa que el agrado
            y brío me haya rendido
            si mi ser está impedido
            de poderos dar cuidado.

Isabel   Ved que vuestras perfecciones
            piden alabanza igual
            y que me hacéis mucho mal
            con tantas ponderaciones;
                pues cuando restituíros
            quiero el favor que me dais,
            como todos los gastáis,
            no me dejáis qué deciros.
                Y os suplico, mi señora,
            me hagáis merced de decirme
            casa y nombre.

Inés	Prevenirme quise a ese cuidado agora. 　Doña Inés de Portugal soy, de don Carlos hermana, cuya estirpe soberana debo a la casa real.
Isabel	¡Qué sois hermana de Carlos!
Inés	Y muy vuestra servidora.
Isabel	Vuestros favores agora de nuevo vuelvo a estimarlos. 　Pues en mí vuestro decoro, por quien sois, aplausos gana.
(Aparte.)	(Y porque os llamáis hermana del dueño que firme adoro.) 　¡Fenisa!
Fenisa	¿Señora mía?
Isabel	Desde luego me agradó como el alma adivinó que algo de Carlos tenía.
Fenisa	Pues, advierte, si te agrada por si tu estado mejoras, que buenas son pocas horas las que tiene una cuñada.
Inés	Las ferias del nombre espero.
Isabel	Agradecidas las doy: Hija de don Diego soy

de Meneses cuyo acero
  asombro fue y maravilla
grangeando igual decoro
en Ceuta ya contra el moro
ya en los campos de Castilla.

Inés   No sin ocasión parece
que de vos me aficionaba
cuando vuestro ser me daba
a entender lo que merece;
  pues vuestra casa y la mía
—los tiempos son buenos jueces—
emparentaron más veces
que el Sol da rayos al día,
  y así tenemos de ser
muy amigas.

Isabel   Está llano
que el gusto que en vos gano
no le procuro perder.

(Salen don Iñigo y don Alonso.)

Iñigo   El resto de la hermosura
se vio esta tarde mi bien.

Alonso   Y el imperio de un desdén
que rendir mi amor procura.

Iñigo   ¿Tenéis ya nuevo cuidado?

Alonso   Y que es milagro de amor;
mas me trata con rigor.

Iñigo	Muy al tiempo estáis templado.
Alonso	¿Cómo?
Iñigo	Porque cada día elección nueva tenéis.
Alonso	Una de las dos que veis es el norte que me guía.
Iñigo (Aparte.)	(¿Si será doña Inés? ¡Cielos! Decid, ¿cuál de las dos?
Alonso	La más hermosa.
Iñigo	¡Por Dios! ¡Que me habéis causado celos!
Alonso	La de a man derecha es.
Iñigo	Ya me habéis desahogado, porque temió mi cuidado que era el vuestro doña Inés.
Alonso	Ya supe que sus despojos dan a nuestro amor desvelos, y antes que os causaran celos, me sacara yo los ojos.
Iñigo	De vuestra amistad lo creo.
Alonso	Pues estamos dos a dos, no pagará al ciego dios tributo nuestro deseo.

Iñigo	Lleguemos. Tras del aurora
	madrugar dos soles vimos.
	La novedad advertimos
	y como la causa ignora,
	de mirarle duplicado
	el día, venga a saber
	si el cielo en amanecer
	el orden común ha errado.
Inés	¿Responderémosles?
Isabel	No.
Inés	Pues, ¿no siendo conocidas?
Isabel	Hay muchas honras perdidas
	por pensar que nadie vio.

(Habla aparte Inés con don Iñigo.)

Inés	Por estar acompañada,
	Iñigo, hablarte no puedo.
Iñigo	Parece que tenéis miedo,
	señora, de esotra tapada.

(A doña Isabel se llega [don Alonso].)

Alonso	Sed, señora, más piadosa
	vos que vuestra compañera,
	o, desdeñando siquiera,
	abrid en voces la rosa.
	Para quien está rendido
	sobrado rigor mostráis.

Iñigo	Mirad, que celos me dais de no ser favorecido.
Isabel	Respóndeles tú, pidiendo que se vayan.
Alonso	¡Qué rigor! Ciego pintan al Amor y mucho en vos le estoy viendo.
Iñigo	Mira, que tu amor se queja de tu desdén, prenda mía.
Inés	La noche se sigue al día, y mi casa tiene reja.
Fenisa	Caballeros, yo os suplico que os vais, y que nos dejéis, que hay a quien cuidado deis en la calle.
Iñigo	No replico. Obedezco el mandamiento.
Fenisa	¡Mi señor!
Alonso	¿De qué os turbáis?
Fenisa	Bastante causa nos dais viendo vuestro atrevimiento con tan poca cortesía.
Isabel	Por aquí quiero volverme, que si llega a conocerme

mi padre, tendré mal día.

Inés   Vamos.

Iñigo   ¿Siguiéndolas vais?

Isabel   Suplícoos que nos dejéis.

Alonso   ¿Rémora me detenéis
                   cuando acero me llamáis?

(Vanse las tres y sale don Diego, padre de doña Isabel.)

Diego   Aunque ayuda mi sospecha
                   el serle tan parecida,
                   queda su virtud vencida
                   la sospecha satisfecha.

Alonso   Por su padre era el recato
                   que con los dos han tenido.

Iñigo   Parece que ha anochecido.

Alonso   Si se ausentó el Sol ingrato
                      que me abrasa, claro está
                   que la noche ha de venir.

Iñigo   ¿Pensáis rondar o dormir?

Alonso   ¿Quién con amor dormirá?

(Vanse.)

Diego   Bien se puede en mí perder

esa celosa inquietud;
que de su mucha virtud
liviandad no he de creer.
    Ya está agonizando el Sol
en cristalinos abismos,
y en lucientes parasismos
va expirando su arrebol.
    Donde suelo entretenerme
quiero un poco retirarme;
que luego vendré a acostarme
que la vejez tarde duerme.

(Vase y salen Cardillo, lacayo, y Carlos.)

Cardillo   Desde que al jardín entraste
                           ayer, no he tenido yo rato
                           para poder preguntarte
                           lo que pasó, que aunque me hallo
                           con el nombre de Cardillo,
                           .... [-a-o]
                           suele haber a los cardillos
                           también casos reservados.

Carlos   Fue tan grande la aventura
                           tan sin alma me ha dejado
                           que fuera mucha desdicha
                           no perderla en tal encanto.

Cardillo   Por lo que ha que te conozco,
                           y a fe que eres desalmado
                           sin ser de los que bostezan
                           por señas lo temerario,
                           pero solo te suplico
                           que me refieras lo raro

de esa aventura, pues todos
los que estamos escuchando,
mosqueteros, ballesteros,
homes buenos y fidalgos,
escuderos, ricos hombres,
que de todo hay en el patio,
querrán saber el suceso,
pena que si lo callamos,
habiendo dicho algo de él
habrá silbo de contado.
¿A qué te llevó Fenisa?

Carlos   Escucha, pues, y sabráslo:

    Bien viste que ayer mañana
Fenisa me fue a decir
que feriarme pretendía
la ventura más feliz.
Y que en fe de esta esperanza
órdenes obedecí
suyas, esperando atento
en la puerta del jardín
de Isabel. Y también sabes
que Fenisa vino a abrir
y que en el jardín entré
pues escucha desde aquí.
Llegué, siguiendo sus pasos,
donde me pude encubrir
entre unas murtas adonde
el cristal se vio ceñir
entre muros de alabastro
formando espejo al pensil,
tienda del campo en que Flora
las siestas suele dormir

tan defendida del Sol
cuando le viste el abril,
que ignora por donde pueda
sus rayos introducir.
Ciudadana de su margen
era Isabela gentil
si no Sol de aquella esfera,
Flora era de aquel país.
Parecióme que quería,
tan escondida la vi,
templarle, que ella a su fuego
aún no pudo resistir.
Era la estación del día
en que el Sol llega a rendir
el espíritu fogoso
en túmulo carmesí,
cuando haciendo confiadas
treguas, llegó a descubrir
sin velo tanta deidad,
sin velo tanto feliz
incendio como encubría;
que abochornado salir
pretendió a desahogarse
el caluroso marfil.
Dejó para lo decente
de holanda el velo sutil,
que agradecía lo delgado
lo que quiso permitir.
Pues crepúsculo a su día
y nube también la vi
que dando del Sol noticias
no le dejaba lucir.
La sustancia que el gusano
hiló que bañó el añil,

y formó juego de campo
con movimiento sutil.
se quitó, habiendo primero
hurtado al breve jazmín
de su hermoso pie el coturno
no sabe a qué discernir
el alma, si es mayor gloria
el gozar que el advertir
porque en tanta perfección
como ostentó serafín
la atención toda es sentirlos,
y el apetito es civil.
En pie se puso, y mirando
el uno y otro chapín
con mil donaires les dijo:
«Corchos, nada me añadís
porque a darme perfección
fuera forzoso que aquí
o no os pudiera dejar
o me dierais qué sentir.»
Complacida de sus partes
la vio mi atención reír,
y como estudiaba en ella
cuidados, lince aprendí
en la primera lección
cuanto amor supo escribir
pues todo, de sus acciones
cuando se rio, leí
dos renglones de jazmines
en dos hojas de carmín.
Fióse el agua después
que la salió a recibir
con abrazos cristalinos
siendo lo inquieto perfil.

Al bañarse padecía
que llegándose a ceñir
cristales sobre los cristales
y a lo que más atendí
fue a quien el agua le decía:
«Viene a engañarse de mí
si entra; que me abrasas
sin poderte resistir.»
¡Ay, dije, si tú te quejas
siendo incapaz de sentir,
¿qué hará quien con el alma mira
hermosura tan gentil?
Señoreando el estanque
en pie, le adornó feliz
porque ninfa de alabastro
fuente se quiso mentir.
Teniendo piedad del agua
do ella comenzó a salir
sudando para enjuagarse
gota a gota, perlas mil,
que a su bulto detenidas
se quisieron añadir;
pero el lienzo codicioso
las bebía con ardid,
porque el agua por hurtarlas
no se las llegue a pedir.
Cuando se mudó camisa,
la que entró en el baño vi
que por no ser despojada
se llega, ni a resistir,
dando abrazos pegadizos
al animado marfil.
Pero viéndose arrojada
como en señas de sentir,

el agua que hurtó al estanque
toda la lloró infeliz.
Después que al hermoso adorno
se volvió a restituir,
la vi más hermosa, no,
pero más honesta, sí.
Tan en su lugar las galas
puso, que llegó a esparcir
para hacer amor travieso
que con razón presumí,
que de memoria traía
el arancel de vestir,
pero cuando la trocara,
¿qué atención pudo advertir?
Que lo estuviera si todo
dice perfección ansí.
Del jardín me desterró
Fenisa, a quien advertí
que lo que creyó lisonja
fue tormento para mí.
Porque para enamorarme
no era menester venir
donde mayores incendios
me abrasaran de feliz.
Aquéste el suceso fue
llega agora a discurrir
si por ocasión más dulce,
el juicio perdió Amadís
cuando advierte mi desvelo
que es tan forzoso sentir,
no tiene Amor más que dar
ni el deseo que pedir.

Cardillo   De tal manera la pintas

que pudieras de barato
darme un raro demijón
pues la envidia me das tanto.
Pero ¿cómo no llegaste
a hablarla?

Carlos   Porque, avisado
de Fenisa, di palabra
de obedecer no pasando
a licencias de atrevido
mi amor.

Cardillo   Fue grande recato
así te pudiera dar
cien palabras, que en llegando
a ver, dejara de hablar
con esta boca de a palmo.

Carlos   Ya sabes lo que me cuesta
de desvelos, pues entrambos
seguimos los devaneos
de mis pensamientos altos,
pues que para introducir
mis deseos apresurados
solicito que sirvieses
en su casa, con que al cabo
hecho Sinón de esta Troya,
en cuyo fuego me abraso
por otra más bella Elena,
hallé en tu industria sagrado
pues por ti merezco ser
en las rejas escuchado
de aquel serafín que adoro,
de aquel ángel que idolatro.

¡Dichoso yo muchas veces
que al fin de tormentos tantos
tienen segura esperanza,
el alma alegre descanso.

Cardillo   ¿Para qué la llamas dicha
supuesto que se han quedado
en ayunas los deseos?

Carlos   Mejores fines aguardo.

Cardillo   Haces paciente de coro
que ella ha de saber el caso
y te dejará por tibio.
Mas esto aparte dejando
en la tal Fenisa yo
hallé pues mi regalo,
si no una deidad en culto,
una diosa en estropajo.
En tan dulce pasatiempo
divierto ratos hurtados
al tercio de tus quimeras...

Carlos   ¿Quimeras las llamas cuando
es la ventura más cierta
que vio Amor en triunfos tantos
como autorizado su templo?

Cardillo   Como de tu templo abajo
es mi amor, no sé de triunfos
amorosos que me enfado
desque se nace Lucrecia
haciendo su gesto amargo
y que Marco Antonio dé

a su pecho airado
necio amor y prueba necia
de la que lo fue de tantos.
¿Por qué piensas que al Amor
los antiguos le pintaron
sin ojos?

Carlos   ¿Por qué?

Cardillo   ¿Por qué?
Es porque habiendo gozado,
se gloria de asistente
sin mirar que el gusto vario
es el más bien recibido.

Carlos   Solo admitiera tu estado
esas bajezas, que amor
en sujetos soberanos
más desea, si más goza.

Cardillo   Deseos llenos de manos
quiero, he querido y querré
pero deseando esto a enfado
para mejor ocasión,
digo, señor, que mi amo
Eneas, de aquellas doncellas
de Dios lo sabe, está dando
a su mocedad castigos
y a su vejez desengaños,
hasta las doce y la una
suele entretenerse hablando.
Yo voy, que él,... mas primero,
prevenir quiero un buen rato
a sus soledades.

Carlos	¿Cómo?
Cardillo	Mi señora está esperando. Aviso que aquí estás para hablarle y yo aguardo una vez.
Carlos	Daréte el alma.
Cardillo	Ésa es comparsa del diablo seguir los pasos que llevas.
Carlos	Albricias yo te las mando. No me dilates el bien. Ve, y avísala.
Cardillo	En los pasos tus deseos llevaré.

(Vase.)

Carlos	La mayor ventura alcanzo; que al fin de siglos de penas firmes amantes gozaron. ¡Dichoso el hombre mil veces que en tan honesto recato deidad adora a quien deben más que a Venus simulacros.

(Sale Cardillo con una hacha apagada.)

Cardillo	Señor, ya queda avisada. Goza tus glorias despacio,

y para que nos conozcan
cuando a casa nos volvamos,
llevo esta hacha. Su luz
te avisará si llegamos.
Quédate a Dios, que me voy
y cuenta con lo mandado.

Carlos   Un vestido te prometo.

Cardillo   Guárdete el cielo mil años.

(Vase y sale doña Isabel al balcón.)

Isabel   ¡Ce! ¿Quién es?

Carlos   Quien adora
del Sol injurias bellas,
quien, solo, dos estrellas
ve nacer al aurora,
quien al Sol ve dormido,
y sin venda el Amor de vos vencido.

Isabel   Yo, pues, modos no hallo
que digan mi contento
callando lo que siento
sintiendo lo que callo.

Carlos   Si explicación no hallas,
lo que siento me dice lo que callas.

Isabel   Cuando el cielo divino
querrá. No digo nada.

Carlos   Si mi intento te agrada

26

	prosigue.
Isabel	A un desatino que llevó mi deseo no es nada.
Carlos	Aunque lo dudas, ya lo veo.
Isabel	¡Quiera Amor...
Carlos	¿Qué te atreves?
Isabel	...que mi padre...
Carlos	Él lo haga.
Isabel	...en glorias satisfaga lo que en penas me debes.
Carlos	En hablándole, creo que ha de galardonar nuestro deseo.
Isabel	Si en esas confianzas mi amor no entretuviera, segundo Tisbe fuera malogrando esperanzas.
Carlos	¿Jesús, qué necio engaño! El perderte, ¿no fuera mayor daño? Mi voluntad estima y espera la del cielo.
Isabel	Pues me das el consuelo más el alma se anima.

Carlos	En tus ojos el aliento.

Isabel	Pagas mi amor constante.

Carlos	La luz siento.

(Salen con [hachas encendidas] Cardillo y don Diego.)

Cardillo (Aparte.)   (Por más que al viejo he traído
dos mil calles rodeando
porque no los halle hablando,
estorbarlo no he podido.
    Aunque no lo habrán dejado,
como yo se lo previne
a don Carlos cuando vine,
pues, la luz le ha avisado.)

Isabel   ¡Mi padre es ése que veo!
¡Mucho a padecer me obligo!
Adiós, y vuelve.

Carlos   Conmigo
te imagina mi deseo.

(Éntrase Isabel y vase Carlos.)

Diego   Cardillo, esa hacha apaga
porque no forme querella
de mí aquesta dama bella
mi vecina a quien le paga
    don Alonso obligaciones
de famosa voluntad,
que es pesada necedad
estorbar sus pretensiones.

Cardillo (Aparte.)	(¡Vive Dios, que se ha engañado!
	Que eran Carlos e Isabel,
	porque si no fuera él
	¿cómo se hubiera apartado?)
Diego	Apaga esa hacha, pues.
Cardillo	Ya lo hago. Así hablarán,
	pues con la luz no los dan.

(Sale don Alonso, de ronda con broquel.)

Alonso	¿Dónde vais, turbados pies?
	Pensamientos atrevidos,
	decid, ¿dónde camináis
	para que al cielo arrojáis?
	¿Queréis, si no tiene oídos?
Diego	Abre.
Cardillo	¿Si es que hablando están?
Diego	Deja el terrero seguro
	que dar pena no procuro
	a los que tantos tendrán.

(Éntranse Cardillo y don Diego, y sale don Iñigo.)

Iñigo	De don Alonso el cuidado
	a buscarte me ha traído
	temiendo que de atrevido
	dé causa a ser desdichado.
	Sigue un loco pensamiento

imposible en sus porfías,
aborreciendo los días
[amando] de noche atento.
    A Hipólita en esa casa
un tiempo adoró por dueño;
y ya en más hermoso empeño
toda el alma se le abrasa.
    ¡Don Alonso!

Alonso   ¿Quién me llama?
¿Es don Iñigo?

Iñigo   Yo soy;
que acompañándoos estoy.
Siendo tan hermosa dama
    Hipólita, ¿por qué así
le quebráis la fe jurada
a su amor?

Alonso   Como me enfada,
y vive Isabel en mí.

Iñigo   Hipólita es principal
y es agraviar su valor
hacer burla de su amor.

Alonso   Don Iñigo, estoy mortal.
    Dichoso vos que tenéis
cuidado tan bien nacido
y os miráis correspondido
de Inés, en que poseéis
    todo un cielo soberano.
Dejadme a mí pretender
gloria que me puede hacer

tan dichoso con su mano.

(Sale Isabel a la ventana.)

Isabel   Como es demencia amor,
que vele el alma me ordena.

Alonso   La ocasión, amigo, es buena.

Iñigo   No puede haberla mejor.
  La belleza soberana,
la más honesta clausura
con desenfado procura
asistencia en la ventana.
  Yo os fío que no es por vos.

Alonso   Hablarála mi cuidado
en lugar del esperado,
y ayúdeme Amor si es dios.

(Llega don Alonso a la ventana. Iñigo se aparta a un lado.)

Alonso   ¡Ce! ¿Sois vos, señora mía?

Isabel   Yo soy. ¿He tardado?

Alonso   A mí
parecido me ha que sí;
que sin vos no vive el día.

(Sale Cardillo.)

Cardillo   Fenisa quiere agraviar
mi valor según entiendo

y, pues con razón me ofendo,
con brío me he de vengar.
    Pues con cólera española,
si a su vil lacayo encuentro,
le he de abollar hasta el centro
los cascos de golpe en bola.
    Don Carlos debe de estar
hablando con Isabel.
Quiero llegar cerca de él
donde los pueda escuchar;
    que son bien entretenidos
ratos, cuando lugar dan,
oír a amantes que están
dando muestras de entendidos.

(Llega Cardillo hacia don Alonso y él viene a reconocerle.)

Alonso
    ¿Azares ha de tener
siempre quien dicha no tiene?
Retiraos, que un hombre viene
que me importa conocer.
    ¿Quién va?

Cardillo
        ¿Ya no me conoces?
El viejo queda encerrado.
Hablar puedes descuidado,
que a darle voy veinte coces
    a un lacayo gallina,
que en mi desprecio procura
llamar suya la hermosura
de Fenisa, y en mohina.
    ¡Quée tenga brío el bribón
para que celos me dé
y que enterado no esté!

32

Y conviene a mi opinión
el irle agora a matar.

Alonso (Aparte.)   (Éste, de Carlos ha sido
criado, y he presumido
que para poder lograr
con más sazón su deseo,
sirve a don Diego en su casa
pues de lo mismo que pasa
con evidencia lo creo.
Y, pues, mi designio ayuda,
del nombre me he de valer
que por no echarlo a perder
hablaba con lengua muda;
mas, pues, la ocasión me vale,
mi engaño le vencerá.)
Vete, que aguardando está
el Sol que en mi oriente sale.

(Vase don Alonso a la ventana.)

Cardillo   ¡Por Cristo, que ha de decir
el que a mi fregona adora,
que espere un tema agora.
¡Qué don te daré! Sufrir
no puedo cólera tanta.
¡Pero allí he visto un disfraz!
(Mira a Iñigo.)   Llegaré a hablarle de paz.
¡Mas no; que nadie me espanta!

Iñigo   ¿Quién será que hablando ha estado
con don Alonso y a mí
se llega? Sabrélo así.

Cardillo	¡Por Dios que se ha reformado su airosa temeridad! En mí ha hecho efecto vario porque el serlo del contrario quita al valor la mitad.
Iñigo	¿Quién va?
Cardillo	El valor se acabó, la cólera está difunta porque con esta pregunta la otra mitad se huyó.
Iñigo	¿Quién va? ¿No responde?
Cardillo	¡Bien! Quien ha de ir. ¿Si estoy parado?
Iñigo	¡Ah, don Alonso, cuidado! Temo que las voces den y excusarlas es forzoso.
(Retírase.)	

Cardillo	Parece que se acabó
	en él el brío y entró
	en su lugar lo medroso
	   de don Alonso. Sin duda
	es el lacayo, y aquí
	quiero que conozca en mí
	el valor que de él se muda.
	   ¿Quién es? ¿No respondéis?

Iñigo	Amigo.

Cardillo	Bien el miedo se le entabla.
	El nombre diga. ¿No habla?
Iñigo (Aparte.)	(A mucho empeño me obligo.
	Si se fuera no modero,
	pues don Alonso le habló
	quiero decir que soy yo
	de don Alonso escudero
	porque no le he conocido
	y descubrirme no es bien.)
	Tanto cuidado no os den
	amigos.
Cardillo	Su nombre pido.
Iñigo	De don Alonso criado
	soy.
Cardillo	También a ser venís
	quien a mis celos pedís
	un cierto paloteado.
Iñigo	Pues, vos ¿de quién los tenéis?
Cardillo	De ver que a Fenisa habláis.
Iñigo	Gracioso lance.
Cardillo	¿Me dais
	palabra que no hablaréis
	con ella más?
Iñigo (Aparte.)	(Como puedo

quietarle no sé, ¡por Dios!)

Cardillo	Porque si no la dais vos la pediré a vuestro miedo.
Iñigo (Aparte.)	(¿Hay quimera más donosa? Buen humor debe tener y me quiero entretener.) Hame parecido hermosa y estando el gusto empeñado primero ha de ser mi gusto.
Cardillo (Aparte.)	(Por Dios que me halla de susto el coraje que ha sobrado; mas con esto se remedia.) ¿Eso me habéis de decir? Si os atreveréis a salir de aquí dos leguas y media...
Iñigo	¿Para qué es tanto alejarse si hay sitios a menos costa?
Cardillo	Es reñir muy por la posta y de repente acuchillarse.
Iñigo	Oíd.
Cardillo	No concedo treguas.
Iñigo	Pues aquí luego ha de ser.
Cardillo	¡Qué resuelto parecer! No puedo hasta andar tres leguas.
Iñigo (Aparte.)	(Si éste da voces aquí,

la calle ha de alborotar
y a don Alonso estorbar
podrá en su intento y así
    llevarle de aquí pretendo.
Vamos, que os quiero probar,
aún más que a reñir, a andar
si he de ir tres leguas.)

Cardillo   Yo entiendo
        que, como yo, disimulas
el miedo, pero hemos de ir
—si salimos a reñir—
a buscar primero mulas.

Iñigo   ¿Para qué?

Cardillo   ¡Gracioso enfado!
Porque a merendar no voy
sino a reñir, y no estoy
de parecer de ir cansado.

(Vanse y sale don Carlos.)

Isabel   Sin causa medroso estás.

Alonso (Aparte.)   (En mi amor todo es temor
para no echarme a perder.)
Concede o niega no más
        mi voz.

Carlos   Porque sin recelos
pudiera a Isabela hablar,
me he detenido por dar
lugar que sosieguen, ¡cielos!...

(Mira como hablan.)

Alonso   En mis afectos, señora,
mi verdad conoceréis.

Carlos (Aparte.)   (Ojos, ved. No os engañéis.
Pero, ¿qué dudaba? Traidora
  es Isabel. ¡Ah, liviana!
¡Que es tu amor tan mal nacido!
¡Yo estoy perdiendo el sentido!
¡Salió mi esperanza vana!
  ¡Qué desdicha tan cruel
ahora que no esté conmigo!
¡Qué yo llegue a ser testigo
de que es liviana Isabel!
¡Qué puede ser infiel!
¡Qué se atreve a ser de dos!
Es ciego Amor aunque es dios.
¡Si por ciego se ha engañado!
¡Si el alma el daño ha dudado!
Ojos, decídselo vos.
  Confieso que es muy hermosa,
y que la quise confieso.
Fui loco, ya tengo seso;
que no es pretensión honrosa
la que fue tan peligrosa.
Mujer que a dos ha querido
ya tiene al uno ofendido
y yo bien puedo temer
que de los dos venga a ser
afrentado, si escogido.
  ¡Mas qué dilatan mis celos
el llegarle a conocer

	y a matar, viéndome arder en fogosos Mongibelos?)
Alonso	Perded, mi bien, los recelos.
Isabel	Siempre cela quien más ama.
Carlos (Aparte.)	(Aunque me abrasa la llama, que hace en mi rabioso efeto, he de mirar el respeto que se le debe a su fama. Su padre me he de fingir.)
Alonso	Adiós, hermosa Isabela, que parece que en la calle hay quien escucharnos pueda.
Carlos	Caballero, de esta casa yo os hallo en ella, contra mi honor atrevido, infamando. ¡Ay! Es fuerza o que os mate o que os conozca; porque de esta suerte tenga o dándoos muerte venganza o conocido, si llegan vuestras partes a ser tales, satisfacción menos fiera.
Alonso	No hallo qué responder en ocasión como aquésta.
Isabel (Aparte.)	(¿Quién será aquél que ha llegado? Temerosa el alma espera alguna desdicha en Carlos,

por ser la fortuna incierta.
Y así, porque en paz los pongan,
daré voces aunque sienta
que en mi padre contra mí
se acrecientan las sospechas.)

(Retírase ella.)

Carlos

Pues no queréis descubriros,
el mataros será fuerza.

Alonso (Aparte.)

¡Esperad! (Para mi intento
esta ocasión es tan buena
que la pudiera pagar
con el alma, pues si llega
a saber de mí su padre
que mi amor la galantea,
me la ha de dar porque así
satisfecho solo queda.)
Señor don Diego, es verdad
que con voluntad honesta
fuera... imas, ¿quién sale agora?

Carlos

¿Quién sufrió mayores penas?
¡Oh, qué aprisa las desdichas
para matar se conciertan!

(Sale don Diego, con la espada desnuda, y un criado con luz, y los dos se apartan.)

Diego (Aparte.)

(¡Cuchilladas en la calle
cuando Isabel en las rejas
da voces! No me parece,
honor, buena consecuencia.

Reconocer a los dos
me importa agora; pues queda
lugar después en qué hacer
que aquél que más dueño sea
de mi deshonor le borre
tomándole por su cuenta.)

Alonso (Aparte.)   (¿Don Diego no es el que miro?
¡Él es! Luego don Carlos
era quien me llegó a conocer.)

Carlos (Aparte.)   (Muy mala ocasión es ésta
para dejar que su padre
me reconociera a sus puertas.)

Diego   Caballeros, pues afuera,
dejada ya la pendencia,
razón será que os conozca
para que con esto tengan
sin vuestras enemistades,
porque mal contado fuera
que habiéndoos visto reñir
mi valor, sin dejar hechas
con los dos las amistades
a entrarme en mi casa vuelva.

Alonso (Aparte.)   (Si aquí le digo a don Diego
que yo soy el que festeja
a Isabela, desmentirme
podrá don Carlos. Más cuerda
resolución tomar quiero,
pues después es cosa cierta
que el honrado lo averigüe
y yo de amante lo advierta.)

Diego	Puesto que la cortesía con vosotros no aprovecha, apelando a mi valor os conoceré por fuerza.
Alonso	Por esta calle pasaba sin tener cuidado en ella, y vi que este caballero a reconocerme se acerca; y así del poder saber qué causa obligarle pueda a que ningún hombre pase por la calle, y lo que espera...
Diego	Está bien. Decidme vos, ¿por qué vuestra espada inquieta con alborotos la calle?
Alonso (Aparte.)	(Yo me voy mientras él queda haciendo a Carlos preguntas, y para mañana apela mi cuidado a merecer a la divina Isabela, que de traidor me disculpa ser tan grande su belleza.)
(Vase.)	
Diego	¿No me queréis responder?
Carlos (Aparte.)	(El que mis celos engendra se fue, dejándome el riesgo cuando los gustos se lleva,

y pues que no me está bien
que quién soy don Diego sepa,
cuando de Isabel perdida
está la opinión honesta,
y él de vernos sospechoso
de la misma estratagema
que se valió mi contrario
mis desvelos se aprovechan.)
Caballero, aquese hidalgo
hizo información siniestra,
pues él en la calle estaba
y aun asistiendo en las rejas
quien le pudo hacer dichoso.
Cuando yo pasar por ellas
quise, y por tocarme a mí
de vuestro honor la defensa
porque el agravio de un hombre
obliga a los que lo sean,
y preciándome de tal,
quise conocer quién era.
Vos salisteis a este tiempo,
y pues en la calle espera,
donde está vuestro valor,
el mío deja la empresa
que el amigo solo riñe
del amigo las ausencias.

(Vase.)

Diego   Antes que el otro se vaya
le tendrá mi diligencia.
¡Pero ya se fue también!
¿Quién ha de haber que esto crea?
Pues aunque más os huyáis,

mi cólera que revienta
el pecho os sabrá buscar,
pero ¿de qué me aprovecha
el dar voces si no puedo
remediar nada con ellas?

Antes es mayor infamia,
pues pregoneros vocean
lo que siento solo yo.
Para que todas lo sientan,
sin duda que las que hablaban
esta tarde fueron ellas
que bien hablará en la calle
quien da lugar en las rejas
y que son dueños traidores
¡Ay, hijos! ¿Quién os desea?
¡Don Iñigo y don Alonso!
¡No, no hay duda que ellos sean!
Así yo hubiera acudido
a mi casa, entonces viera
si estaban fuera de casa
y cotejara las señas
para salir de estas dudas.
Mas es merecida pena
que al descuido en honra propia
le den los ojos afrenta.
Pero yo averiguaré
quién da causa a mis querellas
o me costará la vida
puesto que el honor me cuesta.
¡Qué no quisisteis, villanos,
dejarme que os conociera!
Pero quisisteis sin duda
que mi honor en duda muera.

Pues, sin conocer al uno
ambos ignorados quedan,
el remedio más dudoso
y más crecida la ofensa.
Pero pues sé que no guarda
secreto en nada la tierra,
en conocerlos veré
lo que puede una sospecha.

(Vase.)

Fin de la primera jornada

Jornada segunda

(Salen Carlos e Inés.)

Carlos   No sé lo que me aflige,
solo conozco que esta nave rige
por golfo inquieto y rumbo mal seguro
sin esperar abrigo ni acogida
en puerto alguno tan errante vida.

Inés   Si tu confusión tu cuidado ordena,
me has de decir tu pena.
Dime, pues, lo que tienes.

Carlos   Inmensos males y ningunos bienes,
pero ya triste lloro
al Sol sin luz y sin fineza adoro,
adoro una hermosura peregrina.
Juzgábala divina,
mas tan humana ha sido
que a diferentes ruegos se ha rendido,
doña Isabel Meneses.
Malogró tan divinos intereses.
¿Conocéisla?

Inés   ¿Es acaso
la hija de don Diego?

Carlos   Habla paso.
No pronuncies su nombre.

Inés   Pues, hermano, permite que me asombre
de que tanta virtud como la suya
tan liviana destruya.

	Conózcola, y sospecho
	que casta vive con honesto pecho.
	Mira si engaño ha sido.
Carlos	Soy el testigo yo, ¡pierdo el sentido!
Inés	Pues ¿en qué te ha agraviado
	que no admite disculpa tu cuidado?
Carlos	Ésta la causa fue, para que veas
	que me agravias, si abonos la deseas.
	Hablé a la noche... ¡Oh, qué dichoso estaba
	mi amor cuando la hablaba!
	Mas fue que no sabía
	que me engañaba cuando me fingía.
	Vino su padre, y porque no me hallara,
	mi cuidado repara
	ausentarme prudente
	porque padezca el mal de quien se ausente.
	Retiréme a su ruego.
	Nunca mi amor estuvo menos ciego,
	pues dio lugar al paso que mis daños.
	Pues volviendo después, hallé asistida
	su reja fementida
	de su hermosura leve,
	la calle de otro amante que se atreve,
	ladrón de mi cuidado.
	A ser también dichoso desdichado
	pues sin ser culpa nuestra padecemos
	por común el favor de estos extremos.
Inés	¿Y no le conociste?
Carlos	Ésa es mi pena, ¡ay triste!

	Que al querer mis desvelos intentarlo,
	pasó para estorbarlo
	su padre, de las voces conducido
	y sin saber de quién quedé ofendido.
	Mas lo que he averiguado
	de mi pena inducido mi cuidado,
	es lo que supe de Cardillo luego
	indicio solamente en que me anego,
	que en la calle don Iñigo de Melo
	esperaba.
Inés (Aparte.)	¿Qué dices? (¿Qué recelo?)
Carlos	Don Iñigo de Melo.
Inés (Aparte.)	(Y él sería;
	que será cierto siendo injuria mía;
	mas no ha de ser así, que averiguadas
	quedará su desdén de mi cuidado.)
	Si no recibes pena,
	un desengaño tu remedio ordena.
	A Isabela querida yo quería
	ver esta tarde, y de mi industria fía
	que sabré si te adora o si te ofende.
Carlos	Eso mi amor pretende.
	Se acabarán mis daños
	si alcanzas tan dichosos desengaños.
Inés (Aparte.)	Fía de mi cuidado, que me toca
	la diligencia. (Voy de celos loca.)

(Vase. Sale Cardillo.)

Cardillo	¿Qué tenemos de tramoya?
	¿Dan los celos batería?
	¿Dura el decir todavía
	que se abrasa Elena en Troya?
	¡Ay, exclamación cruel!
	¡Ay, aquel último mal
	de dar al pecho un puñal
	y a la garganta un cordel!
	¿Hay rayos? ¿Hay maldiciones?
	¿Hay torbellinos? ¿Hay furias?
	¿Hay arrojadas injurias?
	¿Hay dudas? ¿Hay presunciones?
Carlos	Es mujer y puede ser
	castillo que fácil sea.
Cardillo	¡Qué un hombre de juicio crea
	tal falsedad de mujer!
	Los de mi parte en la corte
	que teman, no es cosa nueva,
	pues siempre la dama lleva
	en el sobrescrito el porte;
	mas tú de sangre real,
	de mujer de tantas prendas,
	¿tal bajeza es bien que emprendas?
Carlos	Vilo yo.
Cardillo	No digas tal.
	Ya supe todo el engaño
	y entendido como fue.
	Isabel te quiere, y sé
	que en temer estás extraño.
	Cuando don Diego pasó

anoche te despediste,
y como tarde volviste
otro en tu lugar llegó.
    La pobre Isabel, ¿qué debe.
si de la noche valido,
con su nombre un mal nacido
a tanta gloria se atreve?
    Pasatiempo puede ser
que pasatiempos se han visto.
Esto es, ¡juro a Jesucristo!
No ofendas a tu mujer.

Carlos   ¿Qué dices?

Cardillo   Verdad te digo.
Isabel te quiere bien
y fue ya justo desdén.

Carlos   Dame los brazos, amigo,
    pues hallo en tu desengaño
tan dulce satisfacción.
Iré a pedirla perdón.

Cardillo   Espera, que hay mayor daño;
    mas antes que te lo diga,
tú me tienes de advertir
¿cómo dejas de sentir
tan fácil tanta fatiga?

Carlos   ¿Por qué? Quien [por su señora]
aún en lance más extraño
con muy poco desengaño
todo el agravio se ignora;
    que como la voluntad

se desmiente en la pasión,
halla la satisfacción
hecha siempre la mitad.
    Pero más dudas allana;
dime, si es falsa su fe.
¿Qué dices?

Cardillo   Solo diré
que está el diablo en Cantillana.
    Gente halló en la calle el viejo
anoche, a su hija vio
a la ventana, y tomó
determinado consejo.
    Averiguar determina
al galán que la pasea
y apenas la luz Febea
venció la oscura cortina,
    cuando don Alonso, aquél
que tal daño ocasionó,
su pretensión entendió
y le dijo que Isabel
    era, fundado en engaños,
su dueño y que la pasea
y obligada galantea
su hermosura ha muchos años.
    En fin, el viejo, advertido
que era el remedio mejor
quitar dudas a su honor
aunque inferior ha nacido,
    trata casarle con ella.

Carlos   Diré a voces desatinos.

Cardillo   Y quiso haceros padrinos

a ti y tu hermana bella.
    Pero a esto replicó
el tal novio con recelo
y a don Iñigo de Melo
por su padrino ofreció.
    Y por fin de su fatiga
con él a su casa fue
a darle la mano, que
San Pedro se la bendiga.

Carlos   ¡Calla! ¡Maldígate Dios
              en albricias del pesar!

Cardillo   Mas, ¿qué tengo de pagar
              yo la culpa a los dos?

Carlos   ¿Ha mucho que fueron?

Cardillo   No.

Carlos   ¿Estarán ya en casa?

Cardillo   Sí.

Carlos   Pues si eso es cierto, ¡ay de mí!
              Sin duda que ya le dio
                 la mano, y llegará tarde
              para impedirlo mi amor.
              ¡Mal haya, amén, mi temor,
              que me ha muerto de cobarde!
                 Pero sin más dilaciones
              a pedirlo me abalanzo.

Cardillo   Tus pretensiones no alcanzo.

Carlos	Y aun no sé tus pretensiones.
Cardillo	¿Adónde vais? ¡No respondéis? ¡Qué te arrojes a perder!
Carlos	Si tú supieras querer, yo sé que no me culpéis. Sígueme.
Cardillo	Ya voy tras ti y con miedos desiguales porque de todos tus males dan las resultas en mí.

(Vanse y salen doña Isabel y don Iñigo.)

Iñigo	De vuestro padre un recado
	a serviros me ha traído
	que esta obligación ha sido
	la primera en mi cuidado,
	    y don Alonso mi amigo
	merece ser vuestro esposo,
	de cuyo afecto dichoso
	he de servir por testigo.
	    Ser padrino me mandaron
	y que aquí los aguardase.

Isabel	Donde falta quien se case, siempre padrinos sobraron.
Iñigo	Si entristecer entendiera, señora, vuestra alegría, aunque fuera gloria mía,

creed que no obedeciera.

Isabel
De vos, señor, mi cuidado
no se ha llegado a ofender.

Iñigo
Este agrado llega a ver
quien pretende gusto hurtado.
Yo me voy por no afligiros.

Isabel
Antes como vos gustéis,
os suplico que aguardéis.

Iñigo
Pienso que será serviros;
mas que llegue a detener
la boda mi dilación.

Isabel
Yo tengo resolución
para lo que debo hacer,
y cuando le dé disgusto
a mi padre, tu prudencia
querer en mí una inobediencia
más que en él un yerno injusto.

(Sale Fenisa.)

Fenisa
Doña Inés de Portugal
está aquí y viene a verte.

Iñigo (Aparte.)
(Para hacer mayor mi suerte.)

Isabel (Aparte.)
(Para hacer mayor mal.)

Iñigo
A recibirla saldré
en vuestro nombre.

[Sale doña Inés.]

Inés (Aparte.)   (¡Ay de mí!
                  No en vano el daño temí
                  que anticipado lloré.
                     ¿Qué averiguación mayor
                  si a solas con ella está?)

Íñigo   Mil rendimientos le da
                  a tu hermosura tu amor.

Inés   Mil desengaños dirás
                  de ser amante infiel.

Íñigo   ¿Tú conmigo tan cruel?

Inés   ¿Por qué no, si tú lo estás?

Íñigo   ¿Quién causa tu sinrazón?

Inés   Tu ingratitud.

Íñigo   De mi fe
                  clara la verdad se cree.

Inés   Bien lo dirá la ocasión.

Isabel   Seas, amiga, bien venida
                  que de un pesar anegada
                  me dijeras consolada
                  si no puedes socorrida.

Inés (Aparte.)   (Bueno es pedirme consuelo

cuando tormentos me da.)
Para servirte será
solícito mi deseo;
Mas tiénesme de pagar
con igual correspondencia
porque en ti de otra violencia
consuelo vengo a buscar.

Isabel   Di, pues, que tales cuidados
los crecen las dilaciones.

Inés   Secretas son mis pasiones.

Iñigo (Aparte.)   (A mí sus ojos airados
los rigores encaminan.
Celos de Isabel serán,
pero en mi afición verán
que bastardos se imaginan.)
Dadme licencia, que quiero
no estorbar.

Isabel   Vos la tenéis.

Iñigo (Aparte.)   (Alma, desde aquí podréis
oír su enojo severo.)

(Quédase al paño.)

Isabel   Dime agora tu pesar.

Inés (Aparte.)   (Que me mata con desdén
don Iñigo, no está bien
decirle que ha de negar,
y más cuando los hallé

juntos a los dos, y así
que celosa me ofendí
de don Alonso diré.)
      ¿Has querido?

Isabel   Si después
lo he de confesar, no quiero
negarlo agora.

Inés   Ya espero
piadosa conmigo esté,
   porque cuando mi dolor
a darte cuenta comienza
me excusarás la vergüenza
viendo que tienes amor.
   Duro peñasco siempre a blando ruego
gozó mi corazón dulce sosiego
si la inquietud del alma desmentida
que en venenosa herida
introduce el amor cuyos rigores
fundan imperio en profanos honores.
Muerto en mí, hielo el más ardiente tiro
del volador suspiro,
desdeñado aunque rayo se ensayaba
en su cólera misma desmayaba
sin que hallase lugar en mi deseo
la fineza, jamás, ni el galanteo,
porque legisladora en mi albedrío
nunca dejó el cuidado de ser mío
hasta que la continua batería
de una y otra porfía
mi altivez venció. Pero, ¡qué mucho!
Cuando ejemplos escucho
de la piedra que dura más se pone

que el agua gota a gota la dispone.
Sirvióme don Alonso tan galante,
tan fino, tan constante,
que a mi severa condición altiva
el privilegio me valió de esquiva.

Iñigo (Aparte.) (¡Oh, tirana aleve!
¿Cómo a mi agravio, di, tu voz se atreve?)

Inés Rindiéronse a partido mis cuidados
de sus muchas finezas conquistados,
o fue de algún sentido
mi recato vencido
de la traición y ruina juntamente,
y en los sentidos se miró evidente
que la vendieron y que la engañaron
como al fin lo mostraron;
pues los tres ayudarme no quisieron,
y los dos de su parte se pusieron.
Este empeño me debe
aquél que mi decoro injuria aleve,
pues hoy por obligarle tu hermosura
a mí me olvida y tu favor procura.

Iñigo (Aparte.) (¿Qué es lo que escucho, cielos?
Pues son valientes, mátenme mis celos
y mi venganza en mi dolor se apoye.
Bien dicen que el que escucha su mal oye.)

Isabel Óyeme, Inés, porque el remedio diga
que ha de tener tu pena y mi fatiga.
No solo a don Alonso no he querido,
mas no le he conocido.
Pero mi padre intenta riguroso

le elija por esposo
cuya violencia que malogre creo
en mi constante amor mejor deseo;
mas el remedio tengo ya pensado
que olvide tu temor y mi cuidado.

Inés (Aparte.)   (Basta que está mi amor por mí perdido.
Lo que intenté en favor contrario ha sido
porque si ella estimara
a mi hermano, no creo lo negara.
Luego a Iñigo adora
siendo sin culpa con mi fe traidora
y yo misma le he dado
armas para vencerme en su cuidado.)

Isabel   Espérame aquí, Inés, solo un instante.
Le daré de esto avisos a mi amante.

(Vase.)

Inés   Esto es cierto que aguardo. Iñigo espera
en la sala de afuera
y cuenta le va a dar de lo que pasa.
Un furioso volcán el pecho abrasa.

Iñigo (Aparte.)   (Pues sola ha quedado, salir quiero,
y este dolor severo
desahogar dando quejas a los vientos
desangrando mi mal en sentimientos.)
¡Falsa, engañosa amante,
forzoso estrago de mi amor constante!
Dime agora que yo la culpa tengo
del daño que prevengo.
Dime que mi mudanza te desuela

y que en ti no hay engaño ni cautela.
Todo, ingrata, lo vi. Todo lo he visto.
Desengaños hallé cuando conquisto,
engañando mi favor castos favores,
pero fueron en ti fáciles flores.

Inés   Si quererte quisiera,
satisfacción te diera;
pero si te he querido, ya te olvido
que eres muy fácil tú para querido.

Iñigo   ¿Quieres a don Alonso?

Inés   ¡Qué cautela!
¿Tú eres firme? ¿No quieres a Isabela?

   Bueno es que culpa me des
cuando espera tu disculpa.
Bueno es abonar tu culpa
con lo que oyes y no ves.
     Anímate a lo cruel.

Iñigo   Tu confesión te atropella.

Inés   Di que no estabas con ella.

Iñigo   Di que no hablasteis de él.

Inés   De disculparte no trat[a]s.

Iñigo   Ya de mi amor no le esperes.

Inés   Pues, déjame. ¿Qué me quieres?

Iñigo	Olvidarte, pues me matas.

(Vase. Sale Isabel.)

Isabel	¿Quién este papel, amiga,
	a don Carlos llevará?
	Porque la vida me va
	en que sepa mi fatiga.

Inés	¿Luego a Carlos quieres?

Isabel	Sí.
	Solo es suyo mi cuidado.

Inés	Si más se hubiera tardado
	tu sí, ¿qué fuera de mí?

(Sale Fenisa.)

Fenisa	Señora, tu padre viene,
	y mucha gente con él.

Isabel	El miedo de que es cruel
	muerto el corazón me tiene.
	Toma ese papel, Fenisa,
	y llévale a Carlos luego.

Fenisa	Volando voy.

Inés	No sosiego
	hasta hablarle.

Isabel	Vuela aprisa.

(Vase [Fenisa] y salen don Diego, don Alonso, y don Iñigo.)

Iñigo Al punto que recibí,
señor don Diego, el recado,
de mi obligación llamado,
el decreto obedecí.
    Esperé [allí] más de [una] hora
y, como tardabais, iba
a buscaros.

Isabel (Aparte.) (¡Suerte esquiva!)

Inés (Aparte.) (¡Mi ventura se mejora!)

Diego Con tanta puntualidad
aumentáis mi obligación.

Alonso Correspondéis mi afición.

Iñigo Pero vos no mi amistad.

Alonso ¿En qué os ofende mi pecho?

Iñigo Dirélo en otro lugar.

Alonso Con cuidado he de quedar
hasta haberos satisfecho.

Isabel Yo me quiero recoger
con doña Inés que aquí está.

Diego Lo que está dispuesto ya
sin vos no se puede hacer.
    Esperad, y vos, señora,

	perdonad mi inadvertencia y hónrenos vuestra presencia.
Isabel (Aparte.)	(Con razón el alma llora.)
Inés	Espero el poder serviros.
Isabel (Aparte.)	(Mucho se tarda mi amante.)
Alonso (Aparte.)	(¿Quién vio dicha semejante?)
Iñigo (Aparte.)	(Rayos formó por suspiros.)

(Salen con Carlos y Cardillo a un lado.)

Cardillo	Pienso que a tiempo llegamos. ¿Qué dice el papel?
Carlos	Me avisa el caso y me pide aprisa acuda al remedio.
Cardillo	Vamos conquistando a sangre y fuego.
Carlos	Aquí te has de detener, que quiero primero ver la tormenta en que me anego.
Diego	Señor don Alonso, ya es necia la dilación llegada la posesión que vuestra fortuna os da. Ya supuesto que ha de ser,

	dad la mano a vuestra esposa.
Isabel	¿Cuál es, señor, la dichosa?
Diego	¿En ti duda puede caber cuando tu amor le convida con injustos galanteos?
Isabel	Engáñante tus deseos y hay parte que se lo impida.
Alonso	¿Cómo, mi amor, olvidáis? No aumentáis mis desconsuelos.
Carlos (Aparte.)	(Ya se acabaron mis celos.)

Isabel	Porque sé que os engañáis,
	    y sin melindre o desdén
	dudo haberos conocido,
	mirad vos cómo habrá sido
	posible quereros bien.
	    Guardad el justo respeto
	a la dama que sabéis,
	que no es razón que burléis
	tan levantado sujeto.

Inés (Aparte.)	(Lo alentado de su brío que salga a plaza es forzoso.)
Alonso	Solo a vos por dueño hermoso te conoce mi albedrío.
Isabel	Señor, mirad que ha dejado un gran honor ofendido,

65

	que aquí de mí se ha valido
	quejosa de tu cuidado.
Diego	¿Quién es? Mis dudas allana.
	Adviérteme tú quién es.
Isabel	Dígatelo doña Inés.
Carlos (Aparte.)	(¡Oh, aleve traidora hermana!)
Diego	Decid, señora, ¿es verdad?
Inés (Aparte.)	(A don Iñigo en los ojos
	leyendo estoy los enojos.
	¡No sé qué diga!)
Isabel	Mirad,
	que importa a vuestro decoro.
Diego	Desengañadnos, señora.
Alonso (Aparte.)	(¡Qué desdicha!)
Iñigo (Aparte.)	(¡Qué traidora!)
Inés (Aparte.)	(Lo que puedo hacer ignoro.)
Diego	Pues tanto lo duda es llano
	que de los dos trato ha sido,
	y pues está conocido,
	luego le has de dar la mano.
Isabel (Aparte.)	(Si calla, a Carlos pierdo.)

Diego	¿Qué es lo que dudando estás?
	¿Cómo la mano no das?
Carlos	Desdichado soy y cuerdo.
	Avisa que estoy afuera.

(Sale Cardillo.)

Cardillo	Don Carlos te viene a ver.
Alonso (Aparte.)	(¡Oh, qué pesar!)
Isabel (Aparte.)	(¡Qué placer!)
Inés (Aparte.)	(Si algo oyó... El alma se altera.)
Diego	Decidle que entre al señor
	don Carlos.
Cardillo	Ya llega aquí.
Isabel (Aparte.)	(¡Loca estoy!)
Alonso (Aparte.)	(¡No sé de mí!)
Diego	Mucho os estimo el favor
	de habernos querido honrar.
	Perdonad el no avisaros.
Carlos	Lo que vengo a suplicaros
	no se puede dilatar.
Diego	¿Ha de ser a solas?

Carlos	No, aquí en público ha de ser.
Diego	Decid.
Alonso (Aparte.)	(¿Qué puede querer? hoy mi esperanza perdió.)
Carlos	Yo adoro la luz gloriosa de Isabel, cuya hermosura por divina se asegura jurisdicciones de diosa.

   Fue mi amor correspondido
de su honesta voluntad,
mereciendo mi verdad
su cuidado agradecido.
   Hasta darme permisión
para que en la noche fría,
injuria ciega del día,
pueda hablarla en el balcón.
   Asistía en la pasada
hasta que a casa viniste,
y retirándome —iay, triste!—
fue mi suerte desdichada.
   Pues cuando volví allí,
de otro hombre el puesto ocupado,
y furioso mi cuidado
injuriar quiso la fe
   de Isabela, y así, ciego,
solté la rienda al enojo
y a reconocer arrojo
el que turba mi deseo;
   Pero apenas lo intenté
cuando al ruido saliste

tú, señor, y como viste,
mi competidor se fue.

    Yo del lance escrupuloso
quise también me ignoraras,
porque a ser no me obligaras,
muerto de celos, su esposo;

    mas como la quiero bien,
traté al fin de averiguar
si fue cierto mi pesar
si engañoso su desdén.

    Y desmentido el temor
del caso vengo a enterarte,
porque está muy de su parte
contra mis celos mi amor;

    que quiero, aunque es extrañeza,
no reparando en su culpa,
que lo que hará su disculpa
tenga hecha mi fineza.

    Confieso que me engañé;
que don Alonso me hurtó
la suerte, que amor mintió;
que es verdadera su fe.

    De la verdad informado
estás, y espero, señor,
merecerte su valor
por dueño de su cuidado.

Diego   Dado a los dos, el oído
me advierte más confusiones;
pues con más satisfacciones
me hallo más ofendido;

    que aunque fácil he culpado
a Isabel, no he de pensar
que lo es tanto que ha de dar

lugar a dos su cuidado.
  Y pues de los dos el uno
el que me ha ofendido ha sido,
yo he de salir de ofendido
o no con vida ninguno.

Cardillo   Según advierto el furor
en todos, quiero temprano
avisar al cirujano
y luego al enterrador.

Alonso   Yo soy quien he merecido
tener tu honesto favor.

Carlos   Solo mi constante amor
su favor ha merecido.

Alonso (Aparte.)   (Si esto queda a su albedrío,
yo no tengo que esperar,
pues por su amor ha de dar
la sentencia contra el mío.
  Y así en mis resoluciones,
la que ejecuto está bien,
pues castigo su desdén
y la dejo en opiniones.)
  Señor, don Diego, yo he hecho
cuanto debo de mi parte.

Isabel (Aparte.)   (El corazón se me parte.)

Alonso   En todo he satisfecho,
  y pues más no debo hacer,
despacio podéis dudar
que bien puedo no rogar

cuando rogado he de ser.

(Vase.)

Diego

Que no es cordura se ve
daros vos por ofendido,
cuando sabéis que ha mentido
y yo que ha mentido sé.
   Y pues conviene a mi honor
la satisfacción, yo quiero
ser, don Carlos, el primero
que dé muestras al valor.
   Seguidme, seréis testigo
de la venganza que emprendo.

Carlos (Aparte.)

(A mí mismo no me entiendo.
Mi propia desdicha sigo.
   iOh, si hallaran mis desvelos
entre el amor y el temor
mis celos con más amor
o mi amor con menos celos!
   Pero por más padecer
en mí se vienen a hallar
amor para no olvidar,
celos para no querer.)

Diego

Pues que tan remiso estáis,
yo por mi honor volveré.

Carlos (Aparte.)

Esperad. (¿Celos, qué haré?)

Diego

Yo vuelvo a que os resolváis;
   mas si en tu calle ofendida
os vuelvo a hallar, ha de ser

—¡vive Dios!— vuestra mujer
o os ha de costar la vida.

(Vase.)

Inés   ¿Con Carlos tanto rigor?

Isabel   Ven, doña Inés, y hablaremos;
                que estos solos son extremos
                contra tu cobarde amor.

(Vase.)

Inés   Pues que puedo, el alma intenta
                a don Iñigo avisar
                que aquí me venga a buscar;
                y sin que mi hermano sienta
                    que con Isabel estoy.
                Podré esto sin conseguir
                que en casa pienso advertir
                digan que ocupada estoy.

[Vase.]

Carlos   Lo que ha pasado por mí,
                ¿es sueño? Mentira ha sido
                pues duda cada sentido
                lo que escuché, lo que vi.
                    Perdí a Isabel —¡qué rigor!—
                Ya ¿qué bien el alma espera?
                Pero si no la perdiera,
                ¿cómo quedara mi honor?
                    Agora bien, en tantas dudas
                me tengo de resolver

y la experiencia ha de ser
mis ojos con lenguas mudas;
  que del alma satisfecha
si Isabel ha sido honrada,
porque es cosa muy pesada
que me apriete una sospecha.
  Cardillo tiene aposento
en casa como criado
de don Diego, y obligado
de mi amor le dará aliento
  para hacer una experiencia
que pueda desengañarme
de estos miedos, que casarme
receloso es imprudencia.
  Que por mejor he elegido
en suceso semejante
un desengaño de amante
que una ofensa de marido;
  pues quedando satisfecha
mi fe de su amor así,
no tendrá lugar en mí
el poder de una sospecha.

(Vase y sale Fenisa con luz, y pónela en un bufete.)

Fenisa   Para ayudar los deseos
de doña Inés obligada,
que entre don Iñigo a verla.
He dispuesto temeraria;
mas, aunque es mucho el peligro,
el oro todo lo allana.
Poner quiero aquí las luces
que por ser más retirada
esta cuadra, es más segura.

Ya llegan, voyme; que enfadan
los testigos cuando amor
a voces dice sus ansias.

(Vase y salen don Iñigo y doña Inés.)

Iñigo
¿Pensarás porque he venido
a verte, Inés, que buscaba
satisfacción de mis celos?
Pues, estás muy engañada
que antes vengo a convencerte
si de disculparte tratas.

Inés
Más despacio espero yo
que conozca que me agravias
con las dudas que acreditas;
mas, señor, aquí me aguarda;
que al entrar sentí ruido
y quiero mirar la casa
para que pueda después
hablarte sin miedo el alma.

(Vase.)

Iñigo
¡Oh, qué mal puede un amante
conservar entre su dama
los enojos, que es violencia
en el amor la venganza!
Pero gente siento afuera.
Quiero prevenir las armas;
que ruido de hombres parecen.
¡Oh, amor, los riesgos que entablas!

(Retírase y salen don Carlos y Cardillo.)

74

Carlos	El aviso de mis celos, vigilantes atalayas, cierto ha sido.
Cardillo	Siempre dije que es gente de baja casta, y a criados tan soeces nunca yo los sustentara, que son unos portanuevas preciados de dar las malas.
Carlos	¿Qué importa que al gusto injurien cuando al honor desagravian. ¿Quién será el hombre embozado?
Cardillo (Aparte.)	Algún criado de casa, (Esto dije por quietar sus cóleras arrojadas.)
Carlos	Pues, si de casa es criado, ve y a la calle le saca.
Cardillo	¡Vive Dios! ¡Que estoy temblando! ¿Quién me metió en decir nada? Apenas puedo moverme. Dios me libre de fantasmas.
Iñigo (Aparte.)	(En peligro estoy aquí. Quiero negarle a la cuadra, para no ser conocido, esta luz.)

(Mata la luz.)

Cardillo (Aparte.)   (¡Santa Susana!
                            ¿Qué es esto que me sucede?
                            ¡Ay de mí! Las luces mata.
                            Para un murciélago es buena,
                            señores, esta embajada.)

Iñigo (Aparte.)   (Irme conviene.) ¡Ah, hidalgo,
                            dejemos la puerta franca
                            si no a costa de su vida
                            la ganaré a cuchilladas!

Cardillo   Préciome de tan cortés
                            que lo haré de buena gana
                            y aún traeré [luz].

Iñigo   Solo quiero
                            libre el paso que sobradas
                            son aquí las cortesías.

Cardillo   Luego, ¿usted no aguarda
                            de noche?

Iñigo   ¡Graciosa flema!
                            Apártese.

Cardillo   Ya se apartan.

[Vase don Iñigo.]

Carlos   El modo de responder
                            a Cardillo bien declara
                            que es galán y no es criado.
                            Y en sus confusiones tantas,

cuando a seguirle me animan
mis celos, pretende el alma
detenida averiguar
a quién este hombre aguarda.

(Sale doña Inés.)

Inés
Más el ruido se aumenta;
mas las luces apagadas
están, prevención es cuerda
porque si alguno pasara
no le viera. ¡Ce!

Carlos
¡Ah, traidora!

Inés
¿Iñigo, señor?

Carlos
¡Ah, ingrata!
Al ruido de su voz
quiero acercarme.

Inés
Turbada
estoy. ¿No vienes?

Carlos
Ya voy.

Inés
Ven, que importa que te vayas.

Carlos
No sé cómo a hablar acierto.
¡Cocodrilo vil que llama
llorando mi honor sencillo
para atestiguar mi fama!
Si tú en don Iñigo esperas,
don Carlos es quien te habla.

Inés (Aparte.)	(¡Mi hermano es éste! ¡Ay de mí!
	Mas de medrosa alentada
	pues no sabe que aquí estoy,
	me retiro antes que salgan
	con luces al ruido.)

[Vase.]

Carlos	Espera,
	Isabel, no te vayas.
	Da lugar a que averigüen
	tus sinrazones el alma.

(Sale Isabel.)

Isabel	¿Qué ruido es éste?
Carlos	Yo aquí.
Isabel	¿Cómo está sin luz la cuadra?
Carlos	Esta vez has de esperar
	a que te digan mis ansias
	las injurias que padezco,
	las ofensas que me causas.
Isabel	¿Quién eres, hombre? —¡Ay de mí!—
	¡Fenisa, Celia, o la Laura!
Carlos	No des voces.
Isabel	¿Cómo no?
	¿No hay quién me escuche?

Carlos   No falta
                    quien oiga tu voz aleve.

(Dentro Fenisa.)

Fenisa   ¡Mi señora alborotada
                    da voces.

Isabel   Saca una luz.
                    Todo el aliento me falta
                    de cólera y de temor.
                    Alguna aleve criada
                    tiene la culpa.

(Saca luz Fenisa.)

Fenisa   ¿Señora?

Carlos   No tiene, que las infamias
                    ellas mismas para verlas
                    por lo que desdoran llaman.
(Aparte.)   (Mi amor la culpa ha tenido.
                    Irme conviene y dejarla
                    porque si sale su padre,
                    pensará, si aquí me halla,
                    [que] son finezas lo que son
                    sospechas averiguadas;
                    que temo que en mi deseo
                    la cordura se desmaya.)

Isabel   Pues ¿cuándo, por dónde entraste
                    tú, señor?

Carlos	Isabel, basta,
	que, aún más de lo que yo he visto,
	la turbación me declara;
	pues, deseando en mí amor,
	desmentida disculpada,
	en la evidencia dudoso
	de los ojos apelaba
	a los oídos, mas veo
	que conformes en la causa
	ambos sentidos me advierten
	lo que ven y lo que callas.
Isabel	Como inocente me hallo,
	desconozco tus palabras.
Carlos	Es que no tienes ningunas
	ya que conmigo te valgas.
Isabel	Engaño en eso recibes
	porque la que es arrojada
	en su honor, tiene al delito
	la disculpa anticipada,
	porque como sabe el riesgo
	sin sobresalto se pasa,
	y antes de entrar en la culpa,
	con la disculpa se halla;
	mas la mujer que en el daño
	se turba, y se sobresalta,
	es que la coge de susto,
	efeto de la ignorancia,
	pero tú, como deseas
	que yo quede desairada,
	haces la virtud ofensa,
	y en las malicias reparas.

80

Mas ofendiendo mi honor
tan necia desconfianza,
no has de dejarme ofendida
ni me he de quedar turbada.

(Cógele la capa.)

Carlos   Suelta, Isabel.

Isabel   ¿Qué es soltar?

Carlos   Si no me sueltas la capa
              seré contigo grosero.

Isabel   Pues dime, de qué te agravias?
              Oye, Carlos, mis finezas.

Carlos   Son ya conmigo excusadas.

Isabel   Pues, vete, pero ha de ser
              conociendo que si me hablas,
              si te acuerdas de mi amor,
              al mismo punto casada
              me has de ver, aunque yo muera,
              con quien más celos te causa.

Carlos   Ya con diferente acuerdo
              vuelvo a que me satisfagas,
              que no quiero, pues que llevo
              cubierta de celos la alma,
              que te excuses la vergüenza
              cuando confieses la infamia.

Isabel   ¿Satisfacción? ¿Quién te ha dicho

que he de querer, Carlos, darla?

Carlos   Pues ¿dármela no querías?

Isabel   Era cuando te juzgaba
suyo mi amor, mas no, cuando
ve que a grosero te pasas.

Carlos   Bien te burlas de mis celos.

Isabel   Como tú de mi confianza.

(Sale Cardillo.)

Cardillo   Mi señor viene, señora.

Isabel   Vete, Carlos, ¿a qué aguardas?

Carlos   A que tu padre conozca
mi fineza y tu mudanza.

Isabel   No me está bien que te vea,
que pensará que liviana
doy lugar a tus deseos.

Carlos   ¡Con lindo modo me tratas!

Isabel   ¿No te vas?

Carlos   Si no me dejas.

Isabel   ¿Yo te tengo, di?

Carlos   Sí, ingrata.

Isabel	¿Cómo?
Carlos	En no satisfacerme.
Isabel	Si esperas, ¿eso te cansa?
Carlos	Di, Cardillo, quién salió agora de aquesta sala?
Cardillo	No le pude conocer porque la luz fue la causa.
Carlos	Aun bien, que hay aquí un testigo.
Isabel	Tú y el testigo se engañan.
Carlos	Respóndela tú, Cardillo.
Cardillo	A mujer determinada, ¿qué quieres que la responda?
Carlos	Lo que viste, lo que pasa.

(Sale Fenisa.)

Fenisa	Ya es imposible escaparos. Tu padre [entra en esta sala].
Carlos	¿En fin me voy sin oírte una disculpa?
Isabel	¿No basta...? Mas, adiós [señor], que llega

Carlos   ¡Muerto voy!

Isabel   Quedo sin alma,

            Fin de la segunda jornada

Jornada tercera

(Hay un bufete con recado de escribir y sale doña Inés.)

Inés   Dicha notable fue. Ventura ha sido
igual no haber venido
a casa desde ayer tarde mi hermano
y el escaparme anoche de su mano;
pues de ambas ocasiones redimida
su presunción se mira desmentida.
De Isabel supe luego
como mi hermano ciego
de celoso la injuria
convirtiendo su amor en loca furia;
que a las voces y al ruido
salió su padre. Al fin que divertido
en buscar a su hija su cuidado,
dio lugar de escaparse por un lado
mi hermano, que de amante y de celoso,
se fue ofendido y se quedó amoroso.
Ya que de menor riesgo libre quedo,
pues no ha de darme miedo
de que Fenisa diga a nadie nada,
hallándose culpada,
en razón de hallar mis pretensiones,
pues ella da lugar a mis pasiones
abriéndole a don Iñigo la puerta,
que para poderse ir la halló abierta.
Quiero avisarle agora lo que pasa
y que venga esta noche a verme a casa;
que tendrá más ventura
pues por propia es la casa más segura.

(Pónese a escribir y sale don Carlos por las espaldas.)

Carlos (Aparte.)   (¿Cuál hombre como yo ha sido
en el mundo desdichado?
Pues lo que por mí ha pasado
yo mismo no lo he creído;
y con sentirlo el sentido
no lo acaba de creer,
ni el alma reconocer
sabe el dolor con que lucha;
que hay desdicha que por mucha
jamás se llega a creer.
    Buscando fui desengaños
de encontrarlos con deseo,
y en las diligencias veo
que solicité mis daños.
Y estimara los engaños,
pues mejor hubiera sido,
si olvidarla no he podido,
que se hallara mi cuidado
satisfecho de engañado
que de curioso ofendido.
    A Inés consultas pretendo
porque alivie mi dolor.)
Hermana.

Inés (Aparte.)   (¡Ay de mí!)
                ¿Señor?

Carlos   (Pero, ¿[a] quién está escribiendo?
Que se ha turbado temiendo
verme. Mas sabrélo así.)

(Quítale el papel.)

Inés	¿Hermano?
Carlos	¡Suelta!
Inés (Aparte.)	¡Ay de mí! (Hoy mi vida se acabó.)
Carlos (Aparte.)	(En efecto el alma halló mayor mal del que temí.) ¿Cómo lugar no me dieron para poder disculpar mi verdad con tu pesar los que anoche entrar te vieron?
Inés (Aparte.)	(¡Ya mis dichas fenecieron!)
(Lee el papel.)	
Carlos	«Para que menos cruel conozcas mi amor fiel, cuando el Sol esté dormido te espero. Así hubiera sido esto en casa de Isabel pues porque mi amor hallara en su abono mi disculpa como lo fuera la culpa, de Inés se lo perdonara. Mas ya mi industria repara, cómo saber si esto ha sido, lo que a mí me ha sucedido.»
(A ella.)	Inés, todo cuanto pasa supe anoche, como en casa de Isabel quedé escondido.

Supe de su misma boca
que en su casa te quedaste
y a don Iñigo hablaste;
que tu liviandad provoca
que dichosa de amor loca
le entraste. Yo, que escondido
estaba sentí ruido,
un hombre sentí que entró,
vi que él era aunque huyó
que de mí conocido.
      Espérete en su lugar,
habiéndose él retirado
viniste, y acreditado
quedó todo mi pesar.
¿Cómo lo podrás negar?

Inés   No tengo qué responder
                        sino solo conocer.
                        Rendida [habéis] mi culpa.

Carlos (Aparte.)   (El que no tenga disculpa
                        es lo que yo he menester.)

Inés (Aparte.)   (¿Qué? ¡Si tú has sido tan villano,
                        don Iñigo, que le diese
                        lugar para que supiese
                        nuestra voluntad mi hermano!)

Carlos   Mientras el rigor tirano
                        de esta dudosa quimera,
                        averiguarla quisiera
                        [por la paga] de mi amor
                        que no tocase en mi honor
                        aunque en mi sangre cayera.

Mas ya es forzoso tratar
de la venganza esta noche,
ausente [de él solo el] coche,
adonde le he de matar.
Un papel le has de llevar.
Ya que le escribas te obligo
en mi nombre a mi enemigo
puesto que el alma penetra
que conociendo tu letra
sabrá por qué le castigo.
No llorando me apercibas
lo mismo que estoy temiendo.

(Pónese [un lente] en los ojos.)

Pues si lloras escribiendo
has de honrar lo que escribías
y con este llanto privas
su atención de mis enojos;
pues rendido a tus despojos
si atiende a lo que has llorado
¿cómo han de pasar el vado
de tus lágrimas sus ojos?
Retírate a tu aposento.

Inés (Aparte.)   (Voy turbada, voy perdida,
pues solo estriba mi vida
en d[i]suadirle este intento
porque si el matar sangriento
a don Iñigo, es forzoso
que muera yo con mi esposo,
y siendo Carlos el muerto
también muero, pues es cierto
que se ausente temeroso.

En Isabel mi temor
remedio podrá hallar
aunque llegue a confesar
contra su casa mi honor;
....
de mi hermano sus recelos,
sin reparar en los duelos
a que don Iñigo llama,
obedecerá a su dama
olvidando sus desvelos.)

(Vase doña Inés. Pónese [don Carlos] a escribir y sale Cardillo.)

Cardillo   Mequetrefe en inquirir
cuántas el santo secreto
no me ha revelado cosas,
doy como oídos atento
los ojos despabilados
a las acciones y atentos
de mis cariacontecidos.
Ambos que con tal silencio
sus pesares disimulan;
y así mis sentidos hechos
atalayas de si mismos,
por servir a mis desvelos
una lisonja de chismes.
No perdonan pensamientos
que no penetre el cuidado
que no escudriñe el deseo.
Aquí don Carlos está
y a solas está escribiendo.
Yo apostaré que el papel
barajando los secretos
de amante y celoso copia

de quejas y de requiebros,
en que ya tengo mi parte,
si me toca por lo menos
el llevarle, y para ser
puntual, voy prefiriendo
las diligencias calzado
en vez de abarcar el viento.

Carlos   Contra agravios tan notorios
escribir yo es más acuerdo.
¿Quién es?

Cardillo   Don Cardillo soy,
no tan noble caballero
que alegar no pueda mucha
antigüedad en los tiempos.

Carlos   Deja agora disparates
que no estoy de humor.

Cardillo   No tengo
de dar fin a mi discurso.
Escúchame.

Carlos   Acaba, necio.
Lleva este papel al punto
a don Iñigo de Melo,
y mira cuando le des
que esté solo.

(Vase.)

Cardillo   ¡Lindo cuento!
Cuando esperaba tener

por estafeta de Venus
unas albricias ocales
como nueces, que lo menos
fuera diamante o cadena,
a llevar un papel vengo
de un barbado a otro barbado,
que es de quien no me prometo
cosa que de valor sea.
Pero si mal no me acuerdo,
por un día, que a la escuela
no fui, siendo pequeñuelo,
todos los demás faltaba
teniendo al castigo miedo,
mas sabiéndolo mi madre,
me dijo: «Dale al maestro
este papel en que digo
que no te azote». Mas luego
que llegué con mi embajada,
en llanto troqué el contento,
porque el papel es libranza
a luego vista, y el perro
del maestro la aceptó
tan al punto que al momento,
antes que le replicara,
estaba en hombros ajenos
con un fino golpeado
que llegó a venticuatreño.
Y así desde entonces hice
un solemne juramento
de leer cuantos billetes
llevaba, y más añadiendo
al juramento guardado,
el no violado pretexto,
de advertir, cuanto que callan

para decir cuanto advierto.
La nema rasgo..., mas no,
que pues está el sello fresco,
podré leer aunque quede
sospecha de haberle abierto.

(Léele.)   «Fuera del muro en la puerta
que se corona soberbio
de hiedras y de jazmines
a medianoche os espero.
Causa tengo de mataros.
Esto de paso os advierto
porque tratéis solamente
de morir o defenderos.»

Si no os hubiera leído,
papel, fuera muy contento
a dar una pesadumbre,
ignorante del suceso.
Pero por lo menos ya
sabré la parte y el tiempo
para despachar a amigos
que lleguen a componerlos.
Al sitio que les señala
sale un postigo pequeño
que yo he visto muchas veces
y es del jardín de don Diego
por adonde, si le aviso,
llega a impedirles presto;
que se acaba la comedia
si no se pone remedio
en un día de difuntos.
Capricho que por lo menos
fuera imposible agradar

y donde los compañeros
de bulto representarán
su papel de metemuertos.
Voy a dar el que me toca
y prevenir un Santelmo,
que aplaque en el mar de amor
esta tormenta de celos.

(Salen don Iñigo y don Alonso. Vase Cardillo.)

Alonso   Proseguid; que estoy pendiente
de un cabello hasta saber
el fin que vino a tener,
un peligro tan vigente;
    pero ya que libre os veo,
poco el peligro sería.

Iñigo   No fue poca suerte mía
el redimir mi deseo
    después de haber extinguido
las luces. Pienso que aquí
quedó el difunto.

Alonso   Es así.

Iñigo   Y de haber conducido
    al antesala, sintiendo
a doña Inés, que volvía,
como en tan ciega porfía,
dudosamente me ofendo,
    pues viendo a Inés desabrida,
temorosa y recatada,
en mi presencia turbada,
un hombre hallé que me impida,

no sin razón ofendidos
recelaban mis cuidados;
que pudiesen dos llamados
ser para un bien escogidos.
   Y así para averiguar
lo que dudé temeroso
por salir de sospechoso,
quedé escondido en lugar
   donde encargando el oído,
los oídos satisfecho,
pude sosegar el pecho
del desengaño advertido
   porque a doña Inés oía
que como sin luz estaba
por mi nombre me llamaba,
señal que no me ofendía.
   Y el que en la cuadra quedó
conocí que era su hermano
con que en mí el recelo vano
desvanecido murió.
   Ruido en la cosa sentí,
y viendo desengañado
de mis celos el cuidado,
luego a la calle salí.

Alonso   Según vuestra relación
a mí me viene a tocar
el todo de este pesar;
pues advierte mi opinión
   que si don Carlos estaba
dentro en su casa, es forzoso
que entrase como dichoso
pues sin licencia no entraba.

Iñigo	Claro está que no entraría menos que siendo llamado.
Alonso	Pues resuelva mi cuidado ya mi amorosa porfía.
Iñigo	Don Alonso, amigo, adiós; que tengo qué hacer agora. Yo os veré dentro de un hora que hemos de ir juntos los dos a un negocio que me importa.
Alonso [Vase don Iñigo.]	Aquí estoy para serviros. Mal reprimidos suspiros, no me matéis por la posta. No sé qué tengo de hacer cuando llego a contemplar que ni la puedo olvidar ni la dejo de querer. Mas ya mi desvelo advierte que es opinión bien nacida, o perderla con mi vida o ganarla con su muerte. Pues del modo que lo trazo, evitando mis desvelos en la ocasión de mis celos de mi amor el embarazo.

(Sale Cardillo.)

Cardillo	A don Iñigo de Melo buscando vengo, que aquí me parece que le vi.

Alonso	No tiene mi mal consuelo.
	Éste es su criado. Amigo,
	escuchad.
Cardillo	¿Qué me mandáis?
	Que yo imagino que andáis
	entre el yerro y el castigo.
Alonso	Avisad a vuestro dueño
	que en la ribera del río
	cuando al valeroso brío
	haga de su luz empeño,
	en los mares le estaré
	esperando.
Cardillo	¡Qué quimera!
	¿Dónde dice que le espera?
Alonso	En el río.
Cardillo	¿Para qué?
	¿Tiénele desafiado
	para nadar?
Alonso	Hablarle quiero
	donde deje en este acero
	restaurado el bien hurtado.
Cardillo (Aparte.)	(Aunque me venga a costar
	cuanto no sabré decir,
	le tengo de remitir
	al mismo puesto y lugar.
	Donde este papel advierte,
	acuda el gallardo Melo,

que aunque gran daño recelo
si acaso le dan la muerte
   libro a Carlos de los daños
que advierte este desafío
puesto que a los dos envío
a que den fin a sus años.
   Pues la hora desmentida
que en este billete está
cuando llegare, estará
el contrario en la otra vida.)

Alonso   Decidlo a Carlos.

Cardillo   Sí, haré,
y pues toca al desafiado
señalar puesto, el recado
daré, y [a] vos volveré
   para avisaros a donde
manda Carlos que os juntéis;
mas vos, señor, le hallaréis,
como le busquéis a donde
   de naturales guirnaldas
el muro sus sienes viste,
que divierte el alma triste
del jardín a las espaldas
   a la oración.

Alonso   Esta vez
buscarle y matarle quiero
que de esta causa el acero
pienso que ha de ser el juez.

(Vase.)

Cardillo   ¡Por Dios, que va como un rayo!
                            Éste causa los desvelos
                            de Carlos, dándole celos
                            y por la fe de lacayo,
                               que ha de pagar su mohina
                            pues de don Iñigo el brío
                            dará fin al desafío
                            y así mudar determina
                               en el papel el cuidado
                            en tiempo que mi opinión
                            sigo, enmiendo a la oración
                            a donde él tiene acordado.
                               Que esto a media noche sea,
                            estos dos se han de matar,
                            Y cuando venga a llegar
                            el tiempo de la pelea
                               de don Carlos se habrá hallado
                            moderado en sus desvelos
                            sin el riesgo y sin los celos
                            gracias a tan buen criado.
                               Voy a enmendar el papel
                            y a darle volando voy;
                            que como Nerón estoy
                            gustoso de ser cruel.

(Vase y salen Inés e Isabel.)

Inés   Amiga el alma [mía] no reposa,
                            confusa y temerosa,
                            porque, como no ve lo que desea,
                            con la muerte pelea.
                            Si habrá Fenisa hallado
                            a Carlos, o se está determinado,
                            ciega su furia en la desdicha mía,

	a faltar a la ley de cortesía
	porque como infelice soy, recelo
	que pueda más que amor con el consuelo.
Isabel	Yo llego a ser tan poco venturosa
	que estoy también medrosa
	de tu mismo cuidado
	que amor que verdadero se ha llamado
	en cualquiera ventura,
	aun con la posesión no asegura.
Inés	Mucho Fenisa tarda.
Isabel	Es antojo común de quien aguarda.
(Sale Fenisa.)	Mas llega Fenisa.
	¿Viene don Carlos?
Inés	¿Viene? Dilo aprisa.
Fenisa	Yo le hablé, y aunque alterado
	le vi con tu papel, más sosegado
	respondió que vendría,
	y aunque pasó a enfado mi porfía
	en razón de que fuera
	luego con una risa, aunque severa,
	y suave me dijo...
Inés	No sosiego.
Fenisa	«Vete, Fenisa, y di que parto luego
	a obedecerla.» Víneme con tanto
	y de que no ha llegado ya me espanto.
	Sin duda que ha querido —¡rigor fuerte!—
	salir, amiga, al desafío primero

que venga a verte, y siendo de esta suerte
antes que venga llegará mi muerte.

Isabel   Escribe tú a don Iñigo y Fenisa
lleve el papel aprisa.
Será posible que a su gusto atento
obedezca mejor tu mandamiento.

Inés   Ven, darásme recado con que escriba.

Isabel   Ven, y harás se aperciba
un criado que lleve el papel luego
que es ya de noche para ti.

Fenisa   Ya llego
a tener más reposo; que temía
que se librase en mí esta cortesía.

Isabel   Tráeme luces luego.

Fenisa   Voy por ellas.

Isabel   Sirve a Inés, y después puedes traellas,
que aunque parece temprano
déjeme el cielo, Inés, ver a tu hermano.
Quiero a solas llorar mi desventura
pues el tiempo procura
que asista en mis desvelos,
viva al dolor, y muera a los desvelos.
Mi padre temo que a casa me obligue
con don Alonso, que mi sombra sigue,
y don Carlos está tan sospechoso
que vive en mis finezas perezoso,
con que a tantos enojos

101

solo es consuelo desangrar los ojos.
[Mas, ¿quién es éste que veo?]

(Sale don Iñigo con espada desnuda, y broquel.)

Iñigo   Señora, si en pecho noble
halla lugar la piedad,
no neguéis vuestros favores
al que más los necesita.
Huyendo de los rigores
de la justicia en camino,
turbados los pasos, donde
me ampara vuestra presencia,
y no fueran tan veloces
como fuera menos grave
el delito que me esconde,
causas que a decir no acierto,
puesto que no las ignore;
obligaron a don Carlos
de Portugal.

Isabel   Ya en su nombre
voy previniendo desdichas.

Iñigo   A avisarme que esta noche
a espaldas de aquesa huerta
le espere a las oraciones,
llegamos al puesto a un tiempo
cuando enlutados los orbes,
borran las señas del día;
y él, sin esperar razones,
coléricamente embiste
conmigo, quedaba entonces
el broquel a mi defensa,

y a su ofensa ejecuciones
aceradas. En fin yo
logrando tretas mejores
—o teniendo mejor suerte—
hice que en el suelo tome
medida a su sepultura;
y por un postigo pobre
que para mi dicha el cielo
hallase abierto dispone,
entro a buscar donde pueda
en tanto que me socorre
de un caballo lo ligero,
excusarme a sus prisiones.
Amparadme. Así los cielos
piadosos tus años logren;
que amparar a un afligido
siempre cupo en pechos nobles.

Isabel (Aparte.)   (¿Don Carlos muerto? No puede,
ni aun en muchos corazones,
caber desdicha tan grande;
mas si traen las ocasiones
a mis manos la venganza,
razón será que la logre.
Muera quién llegó a quitarme
la vida. Pero reporte
el corazón sus impulsos,
que no es bien que le alborote
y de mis manos se escape
sin que la venganza tome.
Entrarle en este retrete
quiero porque no me estorbe
doña Inés si llega a verle
sangrientas ejecuciones;

que es su amante, aunque su hermano
es el miserable joven
que fulminó injusto acero.)
No temas que mis favores
te nieguen seguro amparo.
En este cuarto te esconde,
mientras la casa se quieta
para que tus dichas logres.

Iñigo   Solo de tu hermosa mano
                     espero tantos favores.

(Vase y sale [al paño] don Carlos.)

Carlos (Aparte.)   (¡Válgame el cielo! Que hoy
                     cayó de su honor la torre,
                     públicas son sus infamias.
                     ¿Quién habrá que las ignore?
                     ¿Qué aguarda más desengaños
                     quien de su boca los oye?)

Isabel   En la memoria prevengo
                     recuerdos que me provoquen
                     en mi pena a mi venganza
                     a terribles confusiones.

([Vase doña Isabel] y sale don Carlos.)

Carlos   Irme quiero antes que pueda
                     verme, porque son rigores
                     no sufribles sujetarme
                     a que con fingidas voces
                     para el agravio me aduerma;
                     pero si de mis pasiones

conozco que arrepentido
han de llamar ilusiones
los que desengaños son,
mejores resoluciones.
Es hallarla porque vea
que esta ocasión me dispone
a aborrecer su flaqueza
oyendo sus sinrazones.

(Vase don Carlos. Sale Isabel con una daga y Fenisa con luz, y déjala en el bufete.)

Isabel   O no es verdad lo que han dicho
o lo que escuché no es cierto,
o me mienten en el daño,
o yo amando no lo creo,
o tengo el alma de bronce,
o tengo de acero el pecho,
o mi ser está trocado
o mis sentido no tengo
pues en desdicha tan grande
pues en tan triste suceso,
pues en tanta desventura
mis pesares no me han muerto.
¿Muerto el dueño de mi alma
y yo con alma en el cuerpo?
¿Él sin ser y yo con vida?
¿Él difunto y yo viviendo?
¿Él ya cadáver helado,
yo con brío y movimiento?
¿Yo con mis acciones propias,
él de las suyas ajeno?
¡No es posible, no es posible!
Que soy la que fui en un tiempo,

el centro de sus cuidados,
y de sus gustos el centro.
Yo soy aquélla en quién vio
ya adornado, ya queriendo,
gustosa, alegre y afable,
ser de su amor el espejo.
Otra soy, pues este susto,
esta pena, este tormento,
este dolor y pesar,
no causan en mi su efecto.
Sin potencias vivo ya,
falta del entendimiento,
y ajena de voluntad.
La memoria no poseo,
el justo dolor resisto,
en la pasión no padezco,
en la pena no desmayo,
y en el ansia no me muero.
Bajen de la esfera cuarta
esos zafiros rompiendo,
rayo ardiente que fulmine
y sea castigo fiero
de un pecho de bronce duro,
de un risco que cubre el hielo,
de una sierra en nieve helada,
y consuma con su fuego
mármol, bronce, peña, risco,
y alma vestida de acero
que a prueba de tantas penas
rebelde está resistiendo.

Fenisa   Di, señora, ¿dónde vas?

Isabel   A vengar mi armado dueño;

106

aguarda, Fenisa, fuera.

Fenisa   ¿Qué tienes que no te entiendo?

Isabel   Presto lo sabrás, Fenisa,
                quédate, que voy muriendo.

([Vase doña Isabel] y sale don Carlos.)

Carlos   Este retrete a ser viene
                donde el cobarde se esconde,
                que el amor para mi agravio
                a ser dichoso dispone
                para averiguar mis celos
                le llamaré en bajas voces.
                Podrá ser que me descubra
                engañando sus traiciones.
                Mas cielos, si yo lo he visto
                y evidentes presunciones
                me lo advierten, no es bajeza
                hacer averiguaciones;
                que el valor desacreditan
                y el crédito descomponen.
                No pude hallar a Isabel
                aunque la seguí. Se esconde
                en el cuarto de su padre
                por ver cuando se recoge.
                Quiero llamar a su amante.
                Caballero, ya la noche
                da lugar a que gocéis
                con quietud de mis favores.
                Salid.

(Llega al paño.)

Iñigo	Piedades tan grandes los cielos os galardonen; mas, ¡cielos! ¿Qué es lo que veo? Este prodigio me asombre.
Carlos	No es don Iñigo el que miro; pues ¿qué aguardan mis rigores? ¡Qué con su muerte no vengo los dos agravios mayores de la opinión y del gusto!
Iñigo	El discurso desconoce lo mismo que está mirando lleno estoy de admiraciones. ¿Qué es lo que pasa por mí?
Carlos	Con sangre aleve se borre mi infamia.

(Sacan las espadas.)

Iñigo	¡Válgame el cielo!

(Sale Isabel.)

Isabel	Pues mi inocencia conoce, Carlos aguarda sin duda. ¿Quién vio tales confusiones? ¿No fue don Carlos el muerto? Bien lo advierten sus acciones animadas y crueles. Mas bien es que el daño estorbe. Tened, os ruego, el acero

si pueden en pechos nobles
los ruegos de una mujer.

Carlos   ¿Tú a defenderle te pones?

Isabel   ¿Por qué no si no te ofende?
¡Padre, señor!

(Dentro.)

Diego   ¿Quién da voces
dentro de mi casa misma?

(Salen don Diego y doña Inés y todos.)

Inés   Don Iñigo y Carlos. Cobre
respiraciones la vida
si aquí los dos los componen.

Carlos   [.....................]
En mí, mis obligaciones.
Flaquezas en vuestra hija,
que en su cuarto oculta un hombre
me ha obligado a lo que veis.

Isabel   ¿Hubo desdichas mayores?

Diego   Como eso fuera verdad,
yo mismo con este estoque
le quitara cien mil vidas
que tuviera.

Inés   En mis temores
perdida me vengo a ver.

                           ¡Ah, falsa amiga!

Iñigo   Si me oyes,
                        noble don Carlos, sabrás
                        extrañas admiraciones
                        que volviendo por su honor
                        me disculpen y la abonen.

Diego   Di, pues.

Isabel   Si es que mis congojas
                        me dejan formar razones;
                        pues no prevengo ningunas
                        que en el pecho no se oyen.
                        Sabréis de mí lo que pasa
                        pues es mucho más conforme
                        que a quien le imputan delitos
                        publique satisfacciones.
                        Escucha, Inés, lo que dicen
                        ya que los cielos me ponen
                        en la mano la ocasión.

Inés   Escucharé sus traiciones.

Isabel   Que dos años galante me ha servido
                        don Carlos has sabido,
                        hasta que, más que amante receloso,
                        no quiso ser mi esposo,
                        quedando arrepentido al mismo instante
                        quien antes blasonó de fino amante.
                        Vamos, agora, pues, a lo presente
                        si decirlo consiente
                        la pasión que me ahoga;
                        que donde penas hay, no falta soga.

Derramóse la noche
o todo en sombras se vistió su coche
[brotando], a pesar de ellas
el cielo, tachonándose de estrellas,
cuando a solas ordena
ser dueño en toda, yo solo mi pena
viendo un padre, que fiero y riguroso
quiere que admita sin mi gusto esposo,
un esposo que bárbaro te esfuerza
a que le quiera bien mi amor por fuerza.
Y un enemigo, que se ofende amante
de verme en tantos riesgos tan constante,
llena de dudas en mi cuadra estaba.
No quiero referir lo que penaba,
aunque mi amor abona
que no siendo creída, que corona
adquiere mi firmeza,
y tarde ha de llegar siendo fineza.
En fin, mi tierno pecho,
aunque empleado bien, mal satisfecho,
sentía los rigores
de los desdenes que esperé favores
dando entre sus enojos
facultades de niños a los ojos
cuyos raudales en corriente loca
huyen jurisdicciones de la boca,
temiendo que los beba
para ser otra vez corriente nueva;
que como moradores son de casa
y saben bien lo que allá dentro pasa
otra vez no quisieron verse dentro
y así fueron huyendo de su centro.
Sin luz estaba, porque no sufría
mi pasión aun con luces compañía;

que como dura para darme pena
yo para padecer que viva ordena.
Jamás le satisface
que tenga señas de quién muerto yace
cuando lleno de horrores
sierpe de sangre, esfera de rigores,
un hombre a mí se llega
que, dando asombros, humildades ruega,
aunque digo las señas que traía,
no fue porque le veía
mas como lo escuchaba,
el alma en atenciones me informaba.
que para mis enojos
ven mis oídos cuando no mis ojos.
Favor me pide —¡ay triste!
¿Cómo mi aliento tal dolor resiste?—.
Y pues yo no estoy muerta
siendo mi pena tal, digo que cierta
la opinión recibida
de que tiene poder sobre la vida;
que le ampare me ruega
cuando alientos vitales él me niega.
Dice que miedo tiene
de la justicia, y que huyendo viene
dejando en la campaña
muerto a don Carlos. Mira tú qué hazaña
para ser aplaudida
de quien diera la vida por su vida.
Quedé a su voz tan llena de desmayos
que con poder de rayos
ofenderme querían;
pero aunque lo intentaban no podían
por ser para mi pena tan cierta
que antes que la escuchara estaba muerta;

y si ellos me dejaron
fue porque resistencia en mí no hallaron.
Ciega, turbada, loca
quise hacerle pedazos con la boca
pero temí —juzgándome sin manos—
ver mis intentos vanos;
y porque no se fuera
sin que lograra mi esperanza fiera,
piadosa le aseguro.
En este cuarto le escondí, y procuro
con este acero fuerte
para vengar su vida, darle muerte
cuando con pasos lentos
como astuto ladrón —ioh, qué portentos!—
hacia mí se acercaba
Carlos, que como muerto le lloraba
pudo el dolor del verle de repente
ocasionar que intente
esconderse mi vida de mi vida
de sí olvidada, un rato suspendida,
tanto que aunque me advierte
su despojo la muerte
cuidadosa su vida en mi buscaba
y como no le hallaba
perdía su deseo
la esperanza de verme su trofeo.
Ya en mí restituida
a los dos vi reñir. Temí la vida
de Carlos, porque siempre es más temido
el riesgo del sujeto que es querido.
Don Iñigo me ha puesto en este estado.
Esto, don Carlos, causa tu cuidado.
Si no está satisfecha
de mi honesta verdad vuestra sospecha

vuestro castigo espero.
Fulminad contra mí rayos de acero;
que estando tú de mi verdad medroso
de mi honor y mi bien escrupuloso,
en nada me aseguran mis recelos
pues nunca faltan donde empiezan celos.

Diego   Señor don Carlos, mirad
si acaso estás satisfecho.
Para todo tengo pecho.
Apuremos la verdad.
    Si es que culpada la halláis,
yo mismo con este acero
tengo de ser el primero
a quien matarla veáis.
    Pues aunque el dolor me aflija
por mi honor para que os cuadre,
soy más hijo de mi padre
que no padre de mi hija.
    Pero si honesta y honrada
desmiente vuestros recelos,
derramad injustos celos
y estimad quién os agrada.
    Pues también es bien que os cuadre,
cuando templanza corrijo,
si de mi padre soy hijo,
que de mi hija soy padre.

Carlos   Solo responderos puedo
que en extremo estoy corrido
de ver que en mí haya tenido
lugar tan injusto miedo.
    Y así el alma satisfecha
desmiente las ilusiones;

que a tantas satisfacciones
se sujeta mi sospecha
    previniéndote corona
entre matronas severas.

Isabel
Quien querer supo de veras

con facilidad perdona.

Cardillo
    El grado no satisfago
de bachiller si no digo
que a don Alonso tu amigo
le dieron carta de pago.

Carlos
    ¿Don Alonso el muerto fue?
Decretos del cielo han sido.

Iñigo
¿A quién tal ha sucedido?
¡Que yo a mi amigo maté!

Cardillo (Aparte.)
    (Quiero callar, que yo fui
causa de darle la muerte,
y pues lo quiso su suerte,
quédese el secreto en mí.)

Carlos
    Señor don Iñigo, dad
a Inés la mano, que quiero
que la furia del acero
sea deuda y amistad.

Iñigo
    Y con merecerla gano
los intereses mayores.

Inés
Yo agradezco a mis temores
darme bien tan soberano.

Cardillo	Ven, Fenisa; serás mía.
Fenisa	No, que me quiero gozar sin llegarme a cautivar.
Cardillo	¿Llévote yo a Berbería? Mas nuestra boda deshecha, ¿qué fin alegre tendrá?
Carlos	Buen fin, si es que gusto os da lo que puede una sospecha.

Fin de la comedia

Libros a la carta

A la carta es un servicio especializado para
empresas,
librerías,
bibliotecas,
editoriales
y centros de enseñanza;
y permite confeccionar libros que, por su formato y concepción, sirven a los propósitos más específicos de estas instituciones.

Las empresas nos encargan ediciones personalizadas para marketing editorial o para regalos institucionales. Y los interesados solicitan, a título personal, ediciones antiguas, o no disponibles en el mercado; y las acompañan con notas y comentarios críticos.

Las ediciones tienen como apoyo un libro de estilo con todo tipo de referencias sobre los criterios de tratamiento tipográfico aplicados a nuestros libros que puede ser consultado en Linkgua-ediciones.com.

Linkgua edita por encargo diferentes versiones de una misma obra con distintos tratamientos ortotipográficos (actualizaciones de carácter divulgativo de un clásico, o versiones estrictamente fieles a la edición original de referencia).

Este servicio de ediciones a la carta le permitirá, si usted se dedica a la enseñanza, tener una forma de hacer pública su interpretación de un texto y, sobre una versión digitalizada «base», usted podrá introducir interpretaciones del texto fuente. Es un tópico que los profesores denuncien en clase los desmanes de una edición, o vayan comentando errores de interpretación de un texto y esta es una solución útil a esa necesidad del mundo académico.

Asimismo publicamos de manera sistemática, en un mismo catálogo, tesis doctorales y actas de congresos académicos, que son distribuidas a través de nuestra Web.

El servicio de «libros a la carta» funciona de dos formas.

1. Tenemos un fondo de libros digitalizados que usted puede personalizar en tiradas de al menos cinco ejemplares. Estas personalizaciones pueden ser de todo tipo: añadir notas de clase para uso de un grupo de estudiantes,

introducir logos corporativos para uso con fines de marketing empresarial, etc. etc.

2. Buscamos libros descatalogados de otras editoriales y los reeditamos en tiradas cortas a petición de un cliente.

www.ingramcontent.com/pod-product-compliance
Lightning Source LLC
Chambersburg PA
CBHW032041040426

42449CB00007B/969

* 9 7 8 8 4 9 8 1 6 1 0 7 6 *